AF390043

La Intención

Pedro P. Fernández González

Prólogo de Ramón Alemán, autor
del libro 'Lavadora de textos'

ISBN papel: 978-84-15489-07-8

ISBN ebook: 978-84-15489-08-5

Depósito legal: M-49183-2011
Editor: Bubok Publishing S.L.
Impreso en España

Para mi esposa, Sara; mi hija, Elisa;
y, cómo no, para el resto de mi
familia: mis padres, mis hermanos y
mi tío. Para vosotros…

Prólogo

Leer por el mero placer de leer está muy bien: un buen libro puede regalarnos aventuras de piratas y de mosqueteros, historias de amor y de guerra, intrigas de buenos y villanos, de policías y asesinos… Pero si además de ofrecernos un relato placentero ese libro cumple una función didáctica o *terapéutica* (y no estoy hablando de manuales de autoayuda), su valor aumenta. Es el caso de *La Intención*.

Debido a mi oficio –soy corrector de textos–, leo todo tipo de libros: sus autores me entregan los originales para que les dé un lavado antes de mandarlos a la imprenta (aunque con *La Intención* bastó un pequeño aclarado) y siempre trato de no cometer el error de implicarme emocionalmente en lo que estoy leyendo, porque eso me distrae de mi obligación, que no es otra que corregir.

Sin embargo, a veces me dejo seducir por el texto que tengo delante, y eso suele ocurrir cuando se da alguna de estas tres circunstancias: su lectura me resulta placentera; creo que cumple la función comunicadora para la que fue escrito; y el autor exhibe cierto respeto hacia la lengua y sus normas.

En el caso de *La Intención* se dieron esos tres requisitos: no solo me gustó leerlo, sino que sentí cierta envidia al comprobar que Pedro P. Fernández González tuvo éxito a la hora de armarse de paciencia y pericia para relatar una serie de experiencias que él cree que pueden resultarles útiles a otras personas. Y lo hizo tan bien que no cayó en la trampa de escribir un libro de autoayuda. Afortunadamente.

Lo de la envidia viene a cuento porque durante la corrección me vi ligeramente retratado en varias de las aventuras que narra el autor, y eso me hizo pensar que tal vez yo debí haber escrito en su día algo parecido a este libro para explicarles a algunas personas –como hace él– que cada simple mortal puede llegar a ser un pequeño héroe, un héroe sin superpoderes y sin más armas que el sentido común, la observación, la reflexión y la voluntad. Ese es el objetivo de este libro: ayudarnos a entender, a través de algunos episodios de la vida del autor, que apenas hay obstáculos insalvables si los afrontamos adecuadamente.

Decía que con *La Intención* se dieron las tres circunstancias que me llevan a enamorarme de un libro durante su corrección; ya les he comentado dos de ellas, pero nos falta la tercera. Y es ahí donde Pedro P. Fernández González remata la faena, porque no solo muestra respeto por la lengua, que es el vehículo que transporta sus ideas hasta el lector, sino que se obsesiona con ella y recurre a la Real Academia Española y al famoso diccionario de María Moliner para diseccionar meticulosamente todas y cada una de las palabras y expresiones clave que emplea en su particular testimonio terapéutico: *intención, determinación, voluntad, en orden a...*

Gracias a ese empeño en llamar a las cosas por su nombre, el autor consigue explicarnos que el poder intangible de cada individuo –el poder de los pequeños héroes– guarda una estrecha relación con el tremendo poder de las palabras. En este sentido, el librito que usted está a punto de empezar a leer es un crisol en el que ambos poderes se funden para demostrarnos que la mayoría de los retos, grandes y pequeños, que la vida nos pone delante se pueden lograr con herramientas tan sencillas como la intención.

Ramón Alemán

La Intención

Introducción

Estimado lector, lo primero que me gustaría contarte es que este libro está hecho desde la base de mis reflexiones y mi experiencia personal. Aquí quiero hacer una puntualización, ya que algunos amigos que lo leyeron me sugirieron que buscara ejemplos de otras personas, que no hablara siempre de mí, pero finalmente me decidí por contar exclusivamente mis experiencias, porque quería explicar casos reales que he vivido y no algo metafísico o que no se ha comprobado.

Lo he escrito de tú a tú, aunque he llevado a cabo una búsqueda exhaustiva de información que fuera complementando lo que decía.

Por supuesto, no es una verdad absoluta, ni mucho menos, pero pienso que puede arrojar un poco de luz a todas esas personas totalmente normales y corrientes como yo, que no tienen que ganar ningún campeonato internacional ni hacer fusiones entre grandes empresas, y tampoco ser los más ricos del país. De hecho, hay muy pocas personas que tengan posibilidad de enfrentarse a ese tipo tareas y, sin embargo, el resto de los mortales afrontamos muchas pequeñas luchas. Este libro va dirigido a todos aquellos que tienen proyectos sencillos, pequeñas batallas, retos laborales, personales y familiares.

Para ser sincero, la idea de escribir este libro se me ocurrió después de escuchar una canción preciosa cantada por Ana Belén que dice textualmente: «Lías tus miradas a mi falda por debajo de mi espalda, y digo yo que mejor que el ojo pongas la *Intención*».

Mientras todavía sonaba el bolero, estaba tumbado en el sofá, moviendo la cabeza hacia los lados, después de una discusión telefónica con una de mis hermanas. Una enorme sensación de frustración e impotencia me invadía al comprobar una vez más que era incapaz de evitar que ningún componente de mi familia metiera la pata en los diversos avatares de la vida.

¿Qué era lo que me impedía ayudar a mi familia por más que lo intentara?

Sigo sin saberlo, pero les tengo que agradecer que a raíz de ello llevara a cabo un ejercicio de autoanálisis y reflexionara sobre las cosas que he hecho en mi vida.

Lo primero que me vino a la cabeza fue pensar en cómo me veían los demás en general (la familia, los amigos, conocidos, etc.). Pienso que la imagen que tienen de mí está en parte distorsionada, puesto que en ocasiones me han atacado de manera verbal (la familia, generalmente) acusándome de arrogante y prepotente.

Esa imagen que ellos se han formado de mí les pone automáticamente a la defensiva, tal vez porque a lo largo de los años me han salido bien unas cuantas cosas: proyectos, inversiones, conquistas amorosas, trabajos, etc. Pero, con sinceridad, no creo que mi actitud encajara con la arrogancia. Simplemente no era capaz de transmitir cómo había conseguido todas esas cosas sin ser más listo, más guapo ni más hábil que ellos. Además, resulta que nunca he sido un estudiante brillante ni un deportista excepcional. No he destacado especialmente en nada.

Por otra parte, tampoco me ha importado nunca reconocer que en aquellos proyectos en los que no me han salido bien las cosas, la responsabilidad ha sido mía en un alto porcentaje.

Entonces, la causa de mi éxito ha sido «la suerte»…

Llevo escuchando eso durante toda mi vida. ¡Sí!, esa palabra ha restado mérito a todas las cosas que me han salido bien. Pero aunque ahora sé que no todo se ha debido a la suerte, en varias ocasiones he dudado. Es cierto que un poco de ese componente hace que todo resulte un poquito más sencillo. No podemos olvidar que en ocasiones el factor suerte influye, sin duda, pero no suele ser determinante. De hecho, cuando los astros se alinean de tal manera que facilitan que algo difícil de conseguir finalmente se consiga, casi siempre ha habido todo un proceso previo que ha posibilitado que se diesen las circunstancias adecuadas para que el azar diera el último empujón. Sin todo ese proceso, la suerte generalmente sonríe menos.

Por supuesto, después de un análisis objetivo y completo he llegado a la conclusión de que han sido unos ingredientes fundamentales los que han posibilitado la consecución de mis metas, y de ellos yo destacaría la *Intención*.

Desde la humildad y con un lenguaje llano y directo, tengo la *intención* de poder aportar a todas aquellas personas que lean este libro una manera diferente de enfocar las cosas, y espero que con él aumenten las posibilidades de llevar a buen término los diversos proyectos personales que se propongan. Para ello citaré ejemplos personales, algunos seguramente difíciles de creer, pero del todo ciertos.

La Intención

La Intención

«En las obras del hombre, lo mismo que en las de la naturaleza, lo más digno de atención es la intención» (Goethe).

La Intención

CAPÍTULO 1
La Intención

Cuando hablo sobre la *Intención*, me refiero al término con mayúsculas, puesto que el abuso en el empleo de esta palabra ha hecho que pierda su verdadero significado. Por ejemplo, hay mucha diferencia entre decir «tengo ganas de hacer...» y «tengo la intención de hacer...». En este sentido, vemos escrito y escuchamos que tal o cual persona hizo una declaración de intenciones, cuando generalmente lo que se pretende decir es que «va a tratar de...».

Poner la *Intención* en algo es escuchar y ver, pero con todos los sentidos. Me explico: cuando estamos en una reunión donde nos jugamos algo que nos interesa, tenemos que percibir el máximo de información posible. En muchas ocasiones la mayor información no es verbal, por eso todos los sentidos son importantes. Alguien puede estar diciéndonos que va a realizar algo mientras toda su comunicación no verbal (gestos, posturas, etc.) nos está diciendo lo contrario. Esto nos ayuda a anticipar posibles inconvenientes y poder evitar situaciones difíciles de resolver.

La información que nos proporciona la comunicación no verbal es mucho más valiosa. De hecho, a lo largo de mi vida siempre he tenido muy presente este aspecto, y también una sensación (vibración, intuición...) que transmitían algunas personas cuando hablaba con ellas.

En ocasiones me ha ocurrido que sin apenas conocer a alguien, me transmitía la impresión de no ser una persona de fiar. Y también al contrario: he conocido a personas que en poco tiempo tenían mi confianza. Por esta razón hablo de escuchar, ver y sentir. Toda la información es importante y tenemos que conseguir que todos nuestros sentidos estén en complicidad para detectar o anticipar los inconvenientes.

Investigando un poco sobre esta intuición, he encontrado un artículo muy interesante publicado por Vanessa Marsh en la revista *Tendencias Científicas*: «El cerebro conoce la intención de la acciones ajenas».

En este artículo, Vanessa Marsh nos traslada lo que han descubierto unos científicos de la Universidad de California. Han podido constatar que cuando nuestro cerebro percibe las actividades de otras personas, también consigue percibir la intención que las mueve a hacerlas. Por lo visto existen en el cerebro humano unas neuronas, llamadas «neuronas espejo», que se activan durante la puesta en marcha y observación de una acción, y ahora se ha demostrado que estas neuronas añaden intención a las acciones presentadas en un contexto.

La explicación de cómo conseguimos percibir la intención de otras personas según sus acciones es la siguiente: las neuronas espejo descargan unos impulsos tanto al observar un movimiento en una persona como si es uno mismo quien lo lleva a cabo, de tal manera que no sólo se activan cuando ven realizar una acción, sino que reconocen la intención del que la realiza basándose en las propias acciones.

En este artículo también se cita la «Teoría de la mente», que se refiere a la habilidad del cerebro para comprender y predecir la conducta de otras personas, sus conocimientos, sus intenciones, sus emociones y sus creencias. Es decir, cuando vemos cualquier actividad o secuencia de actividades ejecutadas por una o varias personas, generalmente le otorgamos un significado de tal modo que los comportamientos de los cuales hemos sido observadores nos resulten consistentes y den cierta continuidad tanto al devenir de las acciones de los otros como al discurrir de nuestros pensamientos.

Esto viene a demostrar que a veces esas sensaciones (tanto las positivas como las negativas) que tenemos sobre una persona solo cruzando algunas palabras tienen una base científica. Podemos llamarlo intuición, vibraciones, etc., pero lo que está claro es que esto puede ayudarnos en muchas situaciones y es interesante tomarlo en consideración.

Ahora veremos las distintas definiciones que de la palabra *intención* nos aportan los diccionarios más reconocidos de la lengua castellana.

Diccionario de María Moliner:

intención
1. Pensamiento de hacer cierta cosa. Ánimo, designio, idea, pensamiento, propósito.

2. Idea que se tiene de lo que se pretende conseguir con cierta acción o comportamiento.

Diccionario de la Real Academia Española:

intención
Determinación de la voluntad en orden a un fin.

Esta última definición es con la que más me identifico, y creo que se ajusta mejor a cual ha sido mi manera de abordar las cosas que he llevado a cabo. Sobre todo, las que me han salido bien.

Además, la acepción de la Real Academia Española (RAE) encierra bastante significado, como veremos un poco más adelante: con tan solo nueve palabras define la estructura de lo que puede ser una de las mejores estrategias en la vida.

Reflexionando un poco, seguramente descubriremos qué en aquellas cosas difíciles que hemos conseguido, un factor destacaba sobremanera sobre los demás: nuestra INTENCIÓN, y la escribo de esta forma para diferenciar la «determinación de la voluntad en orden a un fin» de una mera declaración de «ganas de…».

Si nos fijamos bien, la definición de la RAE nos da una pista de lo que se necesita para llevar los proyectos a buen puerto. Veamos:

Determinación + Voluntad + En orden a + un Fin = ¿Éxito?

Me apoyaré a lo largo del libro en estos dos diccionarios para ver qué definiciones nos dan de varias palabras. Esto es más importante de lo que pudiera parecer, ya que, como dice el ilustre don Fernando Lázaro Carreter –director en su día de la RAE– en el libro *El dardo en la palabra*, «pensamos con el idioma; si se usa mal, pensaremos mal».

La Intención

«El fracaso no me sobrecogerá si mi
determinación por alcanzar el éxito
es lo suficientemente poderosa»
(Og Mandino).

La Intención

CAPÍTULO 2
La Determinación

Diccionario de María Moliner:

determinación
1. Acción de determinar.

2. Acuerdo, decisión, resolución.

3. Cualidad o actitud de la persona que decide sin vacilación lo que hay que hacer y lo hace.

Diccionario de la Real Academia Española:

determinación
1. Acción y efecto de determinar.

2. Osadía, valor.

determinar
1. Fijar los términos de algo.

2. Distinguir, discernir.

3. Señalar, fijar algo para algún efecto.

Estas definiciones nos hablan de señalar, de resolución y de osadía; es decir, cuando tenemos un proyecto en mente, lo primero que tenemos que asumir es que nos vamos a tener que enfrentar a situaciones complejas, incómodas, a veces difíciles de resolver, y tendremos que ser valientes (osados, decididos) para superarlas o pensar en alternativas para esquivarlas.

Cuando hablo de tomar una determinación, me estoy refiriendo a una decisión que no tiene marcha atrás. Es definitiva y vinculante.

En este punto, y con relación a la determinación, tengo que hacer referencia al modelo transteórico de James Prochaska y Carlo DiClemente, dos psicólogos que trataban de entender cómo y por qué cambian las personas.

De una manera coloquial, vienen a establecer unas fases para que se produzca el cambio en los seres humanos:

Precontemplación. La persona sabe que tiene un problema, pero no es consciente del alcance que tiene ese problema.

Contemplación. En esta fase, la persona sabe que tiene un problema y ya es consciente de él. En algunas ocasiones, considera el cambio y en otras lo rechaza, y se justifica tanto para decantarse por una opción como por la otra.

Determinación. Es la fase en la que se ha decidido por hacer algo (cambiar). Decide hacerlo, pero no es lo mismo que hacerlo de verdad.

Acción. Aquí ya está decidido a cambiar y da los pasos necesarios para provocar ese cambio.

Mantenimiento. Se empeña en no perder lo conseguido en la fase anterior.

Recaída. Se produce cuando no es capaz de mantener los logros conseguidos. ¿Qué ocurre? Que el proceso comienza de nuevo, probablemente desde la fase de contemplación.

Esto es simplemente un extracto de ese modelo, pero he creído importante que conozcamos las fases a las que nos tenemos que enfrentar cuando verdaderamente tomamos una determinación. Seguramente todos hemos atravesado esas fases en algún momento, y este proceso es básico tanto para llevar a cabo un cambio importante en nuestra vida como a la hora de abordar proyectos.

De hecho, si tú, querido lector, te encuentras leyendo este libro es porque yo he tenido la determinación de escribirlo y he dado los pasos necesarios para hacerlo. Aprovecho para destacar que no ha resultado nada fácil materializar esta idea. He tenido que compaginarlo con mi trabajo, dedicarle mucho tiempo y vencer a numerosos escépticos, pero paso a paso iba avanzando y me empeñaba en no perder lo conseguido. Inicialmente ni mi mujer se lo tomó en serio –pensaba que era una de mis cosas–, pero a medida que constataba que mi concentración iba en aumento y comprobaba que tenía todos los sentidos puestos en llevar adelante este proyecto, empezó a pensar que tal vez no estaba tan loco como en un principio parecía.

En este momento, mientras escribo estas líneas, no conozco a nadie del sector editorial. Las personas con las que he hablado sobre mi *Intención* de escribir y publicar este libro me han aconsejado que me quite la idea de la cabeza y me han dicho que soy un osado, pues, por lo visto, es muy complicado. Pero tengo la *Determinación* de escribirlo. De hecho, ahora mismo lo estoy haciendo, estoy en *Acción*, porque pienso que puede ayudar a otras personas y también, por qué no decirlo, conseguir que mi familia tal vez valore un poco más alguno de mis consejos.

Con respecto a la *voluntad*, reconozco que soy de esas personas a las que no les gusta rendirse. El hecho de que las cosas no salgan a la primera o se compliquen en exceso no me afecta especialmente, porque soy de los que piensan que «el que la sigue la consigue». No es que yo sea diferente, simplemente es que tengo la *Intención* de conseguirlo.

Y todo eso *En orden a un fin*, es decir, para lograr un objetivo final. A la hora de escribir este libro he tenido que organizarme, y lo cierto es que a veces apenas me quedaba tiempo para nada. Para poder plasmar por escrito las cosas tal y como las sueles llevar a cabo, antes tienes que reflexionar sobre cada paso que has dado y sacar los porqués de esos pasos, lo cual entraña cierta dificultad.

He dedicado bastantes horas a investigar y documentarme. Por otra parte, también he tenido que improvisar, porque no era un entorno que yo conociera.

Con relación a este proyecto, he aplicado una secuencia lógica a todo el proceso. Por un lado, he estructurado un poco lo que quería transmitir. Por otro, he dejado que las ideas fluyeran según venían a la cabeza, las he escrito y, finalmente, las he ordenado. Aunque al inicio todo resultaba un poco caótico.

Cuando ya tenía unas cuantas páginas, decidí mostrar el borrador a una pareja de buenos amigos para que me dieran su opinión. Me encontré con la grata sorpresa de que, además de gustarles, me proporcionaron algunos consejos y me sugirieron una posible estructura inicial sobre la que empezar a trabajar. Casualmente, la mujer de mi amigo había presentado su tesis recientemente, tesis que tuvo que corregir, organizar y pulir un sinfín de veces, así que tenía todos los conceptos bastante frescos.

Esta parte del proceso, con la que pretendía escribir algo inteligible y que pudiera resultar útil y a la vez ameno, requería aplicar la lógica. Pero cuando esa parte estuviera terminada ¿qué? ¿Y después? ¿Qué hacer con ese legajo de papeles? Pues vendría la segunda parte, que consistía en intentar publicar el libro. Así que, de manera simultánea, mientras escribo, estoy tratando de sacar información sobre cuál es el proceso a seguir una vez está terminado. De tal manera que puedo seguir avanzando con varios procesos a la vez.

Como muestra, sirva que a estas alturas ya tengo creada una página web (www.laintención.es), donde las personas podrán opinar, dejar sus anotaciones en el libro de visitas o participar en el foro. Es de justicia reconocer que para llevar a cabo esta página me ayudó bastante una gran amiga. A ella le gustó el manuscrito, así que se comprometió a echarme una mano con las correcciones y a revisar la página, los textos y las fotografías.

También he averiguado que lo primero que tengo que hacer es el depósito legal en la Biblioteca Nacional. En fin, que es una tarea larga, complicada y más lenta de lo que uno cree.

Como ejemplo de lo que supone la *Determinación* me gustaría citar a un personaje histórico: Hernán Cortés. La frase «Quemar las naves» ha pasado a la historia como reflejo de su osadía cuando tuvo que tomar una decisión vinculante, definitiva y sin marcha atrás.

Nacido en Extremadura en 1485, Hernán Cortés está considerado «el español más grande y capaz de su siglo». Con 14 años sus padres le enviaron a estudiar a la Universidad de Salamanca, aunque con apenas 20 ya residía en Cuba.

Con 11 navíos, apenas seiscientos hombres, 16 caballos y 14 piezas de artillería, Hernán Cortés navegó desde Santiago a Cozumel y Tabasco; allí derrotó a los mayas y recibió –entre otros regalos– a la india doña Marina, que le serviría como amante, consejera e intérprete durante toda la campaña. Estando en Villa Rica de la Vera Cruz, ciudad fundada por él, tuvo noticias de la existencia del imperio azteca, de cuya capital se decía que guardaba grandes tesoros, y se aprestó a su conquista.

Para evitar la tentación de regresar que rondaba a muchos de sus hombres ante la evidente inferioridad numérica, **Hernán Cortés hundió sus naves** (las quemó) en Veracruz porque tenía **la determinación** de conquistar ese imperio. Logró la alianza de algunos pueblos indígenas sometidos a los aztecas, como los toltecas y tlaxcaltecas. Tras saquear Cholula, llegó a la capital azteca, Tenochtitlán, donde fue recibido pacíficamente por el emperador Moctezuma, que se declaró vasallo del rey de Castilla.

Cortés demostró que tenía la *Determinación* de conquistar México: era una decisión sin marcha atrás y, por si acaso, anuló la única alternativa de retroceder.

«La mayoría de las cosas se consiguen con voluntad. La voluntad se consigue con el amor propio» (Manuel Salas).

La Intención

CAPÍTULO 3
La Voluntad

Diccionario de María Moliner:

voluntad
1. Facultad del alma con la que quiere o elige unas cosas y rechaza otras, y gobierna los actos del ser animado por ella.

2. Capacidad mayor o menor de dirigir uno sus propias acciones con independencia de influencias extrañas.

3. Perseverancia: capacidad para persistir en un esfuerzo.

Diccionario de la Real Academia Española:

voluntad
1. Facultad de decidir y ordenar la propia conducta.

2. Intención, ánimo o resolución de hacer algo.

¿Qué decir de esta definición? Nos implica al cien por cien a nosotros mismos: facultad del alma, ordenar la propia conducta, ser nuestros propios jefes, mandarnos lo que debemos hacer y cómo hacerlo. Y tenemos que llevarlo a cabo con buen ánimo y de manera resuelta.

Esta facultad del alma tiene además una ventaja, y es que se encuentra dentro de cada uno de nosotros.

Cuando no somos personas con una inteligencia brillante o no estamos dotados de un cuerpo espectacular (somos la mayoría, por otra parte), solo nos queda una alternativa para conseguir nuestras metas: la *Voluntad*. Es lo que nos permite suplir ciertas carencias, tanto físicas como mentales, y nos conduce a lograr nuestros objetivos.

Albert Einstein, científico alemán y premio Nobel de Física, nos aporta su visión sobre la voluntad: «Hay una fuerza motriz más poderosa que el vapor, la electricidad y la energía atómica: **la voluntad**».

Con relación a esta visión de Einstein voy a relatar un episodio de mi vida.

Recuerdo que yo tenía 19 años aproximadamente y estábamos a finales de septiembre. Llevaba un año y medio trabajando de auxiliar administrativo en una pequeña empresa de 17 empleados. Me encargaba de dar de alta a los clientes en la base de datos, mantener al día sus fichas, la facturación y cosas por el estilo.

Una tarde en la que extrañamente el teléfono no sonaba mucho, el gerente me comentó que estaba descontento con la asesoría que llevaba la contabilidad y, mirándome fijamente a los ojos, me preguntó:

–¿Te ves capaz de llevar la contabilidad de la empresa?

–Sí –respondí sin pensármelo dos veces.

–Estupendo. Pues a partir del 1 de enero ¡tú te encargas! –me contestó.

Cuando se fue, me quedé pensando, entre asustado y perplejo, en cómo iba a llevar la contabilidad de una empresa real si no sabía por dónde empezar. Yo era joven, pero quería evolucionar a mejor. Eso significaba ganar más, pero conllevaba una responsabilidad muy alta.

Al día siguiente llamé por teléfono a una empresa de formación a distancia y me matriculé en un curso de técnico contable. Así que durante esos dos meses y algo estuve como loco trabajando y estudiando para llevar las cuentas de la empresa a partir de enero.

En aquella época yo trabajaba 10 horas diarias de lunes a viernes y los sábados por la mañana, así que no me quedaba mucho tiempo libre para estudiar.

El curso era de un año y tuve que ir a un ritmo mucho más rápido de lo normal. Cuando por fin llegó el día 2 de enero, solo estaba un poquito menos asustado que dos meses atrás. Me había comprometido y no podía defraudar a mi jefe; además, era un orgullo que hubiese puesto esa confianza en mí, así que de ninguna manera pensaba echarme atrás en la decisión. En realidad la prueba de fuego era el día 20 de abril, pues generalmente es la fecha en que se liquidan los primeros impuestos del año: IVA, etc.

Recuerdo que cuanto más estudiaba, más dudas me asaltaban y no titubeé en echar mano de un amigo de mi hermana que trabajaba desde hacía tiempo como contable. No logro recordar cuántas veces le llamé por teléfono para consultarle cosas. Y él, siempre amable y con paciencia, me atendía. A mí me daba muchísima vergüenza seguir llamándole, pero no tenía elección, había que seguir adelante.

Llegó el día de liquidar el IVA y después de repasar todo 20 veces presenté el impuesto sin ningún inconveniente. De manera que poco a poco conseguí terminar el curso y afianzarme en esa área.

Finalmente la empresa y yo evolucionamos y crecimos juntos durante nueve años. Pasé de ser el auxiliar administrativo de una pequeña sociedad de 17 personas que facturaba 2 400 000 € a ser el jefe de administración de una mediana empresa que tenía 60 trabajadores y facturaba 7 000 000 €.

Por mi parte, pienso que el resultado de esa evolución profesional fue posible gracias a varios factores, pero, sobre todo, a la firme *Voluntad* de no rendirme en el intento: tuve que trabajar y estudiar muchas horas al día para ponerme al nivel adecuado, incluso algunos festivos, y aun así no tiré la toalla.

La Intención

«El orden es el placer de la razón,
pero el desorden es la delicia de la
imaginación» (Paul Claudel).

La Intención

CAPÍTULO 4
En orden a

Diccionario de María Moliner:

orden
Manera de estar colocadas las cosas o de sucederse en el espacio o en el tiempo.

Diccionario de la Real Academia Española:

orden
1. Colocación de las cosas en el lugar que les corresponde.

2. Concierto, buena disposición de las cosas entre sí.

3. Regla o modo que se observa para hacer las cosas.

Esta definición también es importantísima, ya que debemos organizar los procesos, tareas y asuntos de tal manera que no se bloquee la fluidez del conjunto, y tenemos que hacerlo de forma que sirva para que todo encaje dentro de lo coherente.

En este caso utilizaremos también otro manual, el *Diccionario de dudas y dificultades de la lengua española*, de Manuel Seco, que nos habla de la expresión *en orden a* y nos dice que significa *para*. ¿Nos vale esta definición? Por supuesto. Recordemos:

Determinación + Voluntad + En orden a + un Fin.

O sea:
Determinación y Voluntad Para un Fin.

Pero volvamos al *Orden* propiamente dicho. Me he fijado en que cuando quiero abordar cualquier proyecto trato de desmenuzarlo, de convertirlo en pequeños procesos. Esto me permite, además de tener una visión periférica, centrar toda mi intención y mis sentidos en resolver los pequeños procesos de uno en uno.

A veces, la visión global de una idea puede resultarnos abrumadora en cuanto al volumen de cosas que llevar a cabo para ponerla en marcha. Pero si ponemos un *Orden* de pequeñas tareas que estén subordinadas a un fin global nos parece mucho más factible.

Voy a citar otro ejemplo personal que puede ilustrar un poco a qué me refiero.

Soy de una ciudad del interior y hace unos años, en verano, un amigo y yo decidimos sobre la marcha irnos a pasar el fin de semana a la playa de San Juan (Alicante). Recuerdo que nos fuimos a tomar unas copas y acabamos bastante tarde. Aún con el cansancio encima, decidimos ir pronto a la playa para *coger colorcito y descansar.*

Llevábamos un rato tumbados y yo no conseguía dormirme porque escuchaba un barullo y música bastante fuerte a lo lejos. Efectivamente, mi amigo tampoco podía dormir y decidimos ir a ver qué era lo que nos molestaba. Nos acercamos poco a poco y con sorpresa vimos que se estaba celebrando un campeonato de fútbol-playa. Todo muy bien organizado con sus gradas, música, azafatas y un ambiente magnífico. Tanto nos gustó que nos quedamos toda la mañana viendo el espectáculo.

Más tarde, cuando nos fuimos a comer una paellita, estuvimos hablando sobre lo divertido que había sido y sobre lo bueno que es tener buen tiempo, mar y playa. Y así, sobre la marcha, nos dijimos ¿por qué no? Nosotros también teníamos derecho a disfrutar de una actividad tan entretenida y decidimos organizar el primer campeonato de fútbol-playa de nuestra ciudad.

Claro, que decirlo era una cosa y llevarlo a cabo, otra. Inicialmente la tarea era desbordante; además, yo trabajaba en una oficina y tendría que combinar las dos cosas. Al día siguiente, antes de iniciar el viaje de regreso, volvimos al lugar donde se celebraba el campeonato y empezamos a verlo con otros ojos, fijándonos en todos los detalles, y aprovechamos que llevábamos cámaras para hacer alguna foto sobre el montaje.

Ya en el trayecto de vuelta, que era de unas seis horas, hicimos un bosquejo de toda la tarea que teníamos por delante. Completamente ilusionados por nuestra osadía (organizar un campeonato de fútbol-playa en una ciudad de interior), nos reíamos imaginando la cara que pondrían todas aquellas personas con las que tendríamos que hablar para llevarlo a cabo, pero cuanto más lo pensábamos, más nos atraía el proyecto.

De vuelta en nuestra ciudad, nos reunimos un par de días para poner todas las tareas en un orden y saber por dónde empezar. Decidimos que lo primero era plasmar la idea por escrito para luego analizar dónde instalar el campo de juego, consultar precios de la arena y su transporte, alquilar las gradas, adquirir material deportivo, contratar la publicidad...

Escogimos un emplazamiento inicial (en uno de los aparcamientos del estadio de la ciudad), hicimos una maqueta sobre cómo quedaría el lugar una vez instalado el campo de fútbol-playa y, con todo esto, pedimos una cita para reunirnos con el presidente de la Federación Regional de Fútbol. En un principio pareció escéptico, pero a medida que íbamos desgranando el proyecto se empezó a entusiasmar. Salimos de la reunión con el apoyo por parte de la Federación, que aportaría sin costo alguno los árbitros y las gradas.

Ya habíamos avanzado algo, pero teníamos que conseguir la financiación del resto de las partidas que estaban presupuestadas. En fin, que en tan sólo 15 días ya habíamos pasado de una idea en la cabeza a un auténtico proyecto que, además de entusiasmarnos a nosotros, conseguía atrapar a más personas. Aunque todavía nos quedaba un mundo por hacer: financiación, permisos del Ayuntamiento, de Sanidad, etc., publicidad, personal… Un sinfín de tareas que tener en cuenta, así que tuvimos que priorizar: nos centramos en las importantes y urgentes e iniciamos los trámites de las que eran importantes pero no urgentes para así, poco a poco, ir avanzando con el conjunto.

Recuerdo que finalmente no nos dieron permiso para ubicar el campo de arena en el aparcamiento, pero el Ayuntamiento nos autorizó a hacerlo en un descampado que había enfrente. Estaban trabajando unas máquinas para desbrozar los metros que nos hacían falta y aparecieron unos restos antiguos (aparentemente un yacimiento prerromano), por lo que tuvimos que desplazarlo unos 300 metros. Allí se estableció definitivamente.

Una vez definida la ubicación, tuvimos que buscar patrocinadores para conseguir el dinero suficiente con el que poner en marcha todo el proyecto. Resultó una tarea ardua y lenta, pero se hizo más sencilla cuando se vio que la repercusión mediática iba a ser importante, lo cual nos permitió conseguir empresas que buscaran publicitarse a un precio moderado. También contamos con alguna entidad financiera y con el organismo autónomo de deportes correspondiente.

El campo de juego fue cogiendo forma poco a poco con 70 000 kilos de arena que desplazamos desde una gravera. Lentamente, el proceso avanzaba. El campo quedó bordeado por unas traviesas de Renfe y las gradas ocupaban todo un lateral. Era como un efecto dominó: a medida que el campo iba cogiendo forma, aumentaba el entusiasmo de todos nosotros, desde los patrocinadores hasta la federación, pasando por los organismos estatales, etc.

Los procesos se simplificaban. Entretanto, tuvimos que implicar a emisoras de radio y prensa local para dar difusión al campeonato y conseguir que se pudiera inscribir el mayor número de personas. Nos planteamos un tope de 100 equipos de 10 personas cada uno para hacer posible la participación de todos a lo largo de tres días, desde la tarde del viernes hasta la mañana del domingo. La tarde del domingo estaba reservada para la clausura y la entrega de premios.

Desde luego, cumplimos ese objetivo: cuando quedaban dos días para el cierre de inscripciones ya habíamos conseguido los 100 equipos. Hay que destacar que tuvimos que hacer dos campos de juego para que diera tiempo a disputar todos los partidos. Esto conllevaba la dificultad añadida de que hacía falta disponer del doble de árbitros, asistentes y personal en general.

Aquello se iba a llenar de gente, así que se nos ocurrió montar un pequeño bar dentro de la instalación para dar servicio y además sacar alguna rentabilidad adicional. Como sería excesivo estar pendientes también del bar, decidimos subarrendárselo por una pequeña cantidad de dinero a una empresa y que ellos se encargaran de todo.

El campeonato fue un éxito, todo el mundo se lo pasó estupendamente, los patrocinadores dieron por bien invertido su dinero y la Federación de Fútbol estaba encantada con la repercusión del evento. Y los participantes también quedaron encantados de poder jugar a su deporte favorito en arena de playa, con música y ambiente veraniego. Gustó tanto que la Federación nos dio autorización para seguir haciéndolo durante los siguientes cinco años.

Reconozco que ahora, desde la distancia, todavía no me creo que fuésemos capaces de organizar toda esa cantidad de procesos, con tantas partes involucradas, y que todo saliera bien. Al final, la suma de muchas pequeñas tareas bien ejecutadas nos conduce generalmente a una gran tarea bien concluida.

La Intención

«Una persona sin un fin práctico a la
vista se convierte en una manivela o
un idiota» (Alexander Graham Bell).

La Intención

CAPÍTULO 5
Fin

Diccionario de la Real Academia Española:

fin
1. Término, remate o consumación de algo.
2. Objeto o motivo con que se ejecuta algo.

Y por último, el *Fin*, que en realidad también puede ser el principio. Es decir, si tenemos en la mente una idea (motivo), crear un taller de confección, por ejemplo, nuestro *Fin* es crearlo, pero ese fin es a su vez el comienzo, porque a partir de ahí tenemos que *Determinar* cómo, dónde, con qué dinero... Y debemos tener la *Voluntad* para asumir todo lo que conlleva poner en marcha ese taller: preocupaciones, responsabilidades, riesgo de la inversión... Y actuar con *Orden* para poner todos los procesos en la secuencia adecuada, para ir resolviendo unos mientras seguimos avanzando con otros sin que ninguno paralice los demás.

Y pensando en esta definición, recuerdo que hace no mucho tuve presente la palabra *Fin*...

Meses atrás un amigo me tentó a presentarme para correr una media maratón. Como he dicho al principio, nunca he destacado en ningún deporte, aunque es verdad que desde hace unos años trato de correr 10 kilómetros tres días a la semana, pero solo en plan aficionado y con el objetivo de no subir demasiado de peso.

Pues bien, este amigo, que tiene 55 años, ha corrido las maratones más importantes del mundo y además con buenas marcas. Como él es un forofo de ese deporte, casi siempre terminamos hablando de atletismo y yo generalmente aprovecho para pedirle algún consejo.

Primero me lo comentó un día como de pasada:

–Oye, ¿por qué no te presentas a la próxima media maratón? –me preguntó.

–Qué va, eso son muchos kilómetros para mí –le contesté.

–No, hombre, no. Tú puedes bien con ello; además, es una manera de probarte –me dijo.

Ahí quedó la cosa, y al mes y poquito, que nos volvimos a ver, me lo recordó. «Está bien, lo voy a **intentar** –le dije–, pero mi objetivo es simplemente acabar». «Perfecto –me contestó–, verás como es una experiencia que te va a gustar mucho».

Total, que me presenté con mi mujer el día en cuestión. Mientras nos acercábamos a la zona de salida nos fijamos en que había muchas personas calentando, muchos uniformados, parecían auténticos atletas. Recuerdo que le dije a mi mujer: «No sé qué pinto yo aquí, todos parecen profesionales. En fin, allá vamos».

En la salida me quedé el último para no molestar a nadie y poder ir a mi ritmo. Eran 21,2 kilómetros y debía mentalizarme de que tendría altibajos.

Durante los 15 primeros minutos corrí tranquilo, un poco por debajo de mi ritmo habitual, pero, poco a poco, viendo que me sentía cómodo, subí un poco la velocidad. Empecé a adelantar a algunos corredores que, como yo, estaban entre los últimos.

Cuando llevaba 60 minutos y unos 11 kilómetros comencé a notar una molestia en las rodillas, sobre todo en los tramos ascendentes. De ritmo respiratorio y cansancio me encontraba bien, pero las rodillas me estaban molestando mucho, era una sensación parecida a miles de agujas clavándose en la articulación, hasta tal punto que creí que tendría que pararme por el dolor. En esos momentos pensaba que había recorrido los kilómetros que hacía habitualmente, así que no podía rendirme tan fácilmente. Gracias a Dios vino una parte en llano y el dolor de las rodillas se volvió soportable.

Llevaba ya 18 kilómetros cuando de nuevo las rodillas empezaron a dolerme muchísimo en las subidas, y todavía faltaban 3,1 kilómetros. Pensé en abandonar; además, tenía una excusa real, mis articulaciones no aguantaban. Pero, por otra parte, también imaginaba a mi mujer esperándome en la meta, cámara en ristre, orgullosa de mí, impaciente por inmortalizar el momento. Imaginaba a todos mis amigos felicitándome por haber conseguido acabar. Entonces me puse a pensar una y otra vez en llegar a la meta, **finalizar**, **fin**, llegada. Estuve repitiendo esas palabras en mi mente hasta que la crucé. Tardé dos horas y siete minutos. De 361 participantes entré en el puesto 344. Pero lo logré.

Podemos concluir que el conjunto de las definiciones de la palabra *fin* también nos ayuda a entender qué cosas son necesarias para aumentar las probabilidades de tener éxito en las empresas que cada uno lleva a cabo y nos indica que un porcentaje muy alto de responsabilidad es nuestra.

No olvidemos que para tener la *Intención* de hacer algo, realmente tenemos que predisponer nuestro cuerpo y nuestra mente. Todos los sentidos y toda nuestra capacidad mental tienen que centrarse en la consecución del objetivo planteado.

Haciendo memoria, me viene a la cabeza una persona que ha pasado a la historia por haber tenido la *Intención* de... Hablo de Cristóbal Colón.

El origen de este navegante (¿Génova, 1451?-Valladolid, 1506), probablemente italiano, está envuelto en el misterio por obra de él mismo y de su primer biógrafo, su hijo Hernando. Parece ser que Cristóbal Colón empezó como artesano y comerciante modesto y que tomó contacto con el mar a través de la navegación de cabotaje con fines mercantiles.

En 1476 naufragó la flota genovesa en la que viajaba, al ser atacada por corsarios franceses cerca del cabo de San Vicente (Portugal). Entonces Colón se estableció en Lisboa como agente comercial de la casa Centurione, para la que realizó viajes a Madeira, Guinea, Inglaterra e incluso Islandia (1477).

Luego se dedicó a hacer mapas y a adquirir una formación autodidacta: aprendió las lenguas clásicas, que le permitieron leer los tratados geográficos antiguos (tomó así conocimiento de la idea de la esfericidad de la Tierra, defendida por Aristóteles), y empezó a tomar contacto con los grandes geógrafos de la época, como el florentino Toscanelli.

De unos y otros le vino a Cristóbal Colón la idea de que la Tierra era esférica y de que la costa oriental de Asia podía alcanzarse fácilmente navegando hacia el oeste (ya que una serie de cálculos erróneos le habían hecho subestimar el perímetro del globo y suponer, por tanto, que Japón se encontraba a 2400 millas marinas de Canarias, aproximadamente la situación de las Antillas).

Marineros portugueses versados en la navegación atlántica le informaron seguramente de la existencia de islas que permitían hacer escala en la navegación transoceánica, e incluso es posible que, como aseguran teorías menos contrastadas, Colón tuviera noticia de la existencia de tierras por explorar al otro lado del océano. Esta información habría procedido de marinos portugueses o nórdicos, o tal vez de los papeles de su propio suegro, colonizador de Madeira.

Con todo ello, Colón concibió su *Intención* de abrir una ruta naval hacia Asia por el oeste, basado en la acertada hipótesis de que la Tierra era redonda, en el error de suponerla más pequeña de lo que es y en su desconocimiento de la existencia del continente americano, que se interponía en el itinerario proyectado. El interés económico del proyecto era indudable en aquella época, ya que el comercio europeo con Extremo Oriente, basado en la importación de especias y productos de lujo, era extremadamente lucrativo. La ruta existente implicaba atravesar Oriente Medio, controlado por los árabes, por lo que los portugueses llevaban años intentando abrir una vía marítima a la India bordeando la costa africana (empresa que culminaría Vasco da Gama en 1498).

Colón ofreció su proyecto al rey Juan II de Portugal, quien lo rechazó asesorado por un comité de expertos. Probó suerte entonces en España con el duque de Medina Sidonia y con los Reyes Católicos, que lo rechazaron igualmente, por considerarlo inviable y por las desmedidas pretensiones de Colón.

Finalmente, la reina Isabel aprobó el proyecto de Colón por mediación del tesorero del rey, Luis de Santángel, y tras la toma de Granada, que ponía fin a la reconquista cristiana de la Península frente al islam (1492). La reina otorgó las *Capitulaciones de Santa Fe*, por las que concedía a Colón una serie de privilegios como contrapartida a su arriesgada empresa, y financió una flotilla de tres carabelas –la *Pinta*, la *Niña* y la *Santa María*–, con las que Colón partió de Palos el 3 de agosto de 1492.

Navegó hasta Canarias y luego hacia el oeste, y alcanzó la isla de Guanahaní (San Salvador, en las Bahamas) el 12 de octubre; en aquel viaje descubrió también Cuba y La Española (Santo Domingo) e incluso construyó allí un primer establecimiento español con los restos del naufragio de la *Santa María* (el fuerte Navidad). Persuadido de que había alcanzado las costas asiáticas, regresó a España con las dos naves restantes en 1493.

Habían pasado ocho años de innumerables negociaciones y tratos con diferentes monarcas, cuando consiguió hacerse a la mar con la *Intención* de abrir una nueva ruta. Aunque nunca imaginó que se lo impediría un nuevo y enorme continente.

Desde un punto de vista mucho más cotidiano vamos a poner otro ejemplo, que comienza con la siguiente frase: «Tengo intención de bajar de peso».

Estas palabras, querido lector, seguramente se las habrás escuchado infinidad de veces a muchas personas, o incluso a ti mismo, pero ¿cuántas de esas personas han intentado realmente adelgazar? Muy pocas. Y de esas pocas, apenas algunas lo han conseguido. ¿Por qué? Tal vez no tenían la *Intención*, tan solo «esperaban» bajar de peso.

Esas personas olvidaron aplicar nuestra fórmula:

Determinación + Voluntad + En orden a + un Fin = bajar de peso.

(Por favor, consulte a su médico antes de poner en marcha cualquier tipo de dieta o ejercicio).

Determinación, en este caso, es tener claro que nuestro objetivo, por muchas razones, es bajar de peso. Centrarse en los beneficios nos ayuda a tener la determinación (recuerda la definición: *fijar los términos de algo*). Por ejemplo: será bueno para nuestra salud, por estética, la ropa nos va a sentar bien, nos sentiremos mejor y más agiles...

Voluntad. Somos conscientes de que para conseguirlo vamos a sudar y a pasar hambre, entre otras cosas. Deberemos ordenar nuestra propia conducta, mandar sobre ella. Es decir, tendremos que hacer que nuestra mente venza el acomodo y el hábito sedentario, así como aguantar las ganas de rendirnos, tanto en el ejercicio como con la ansiedad por comer todo lo que nos apetezca.

Orden. Realmente para conseguir bajar de peso intervienen varios factores y procesos; además, cada caso es único. No es lo mismo un sobrepeso de 10 kilos que uno de 25. En función de los kilos que nos sobren y del tiempo de que dispongamos, tendremos que ordenar la secuencia adecuada para que podamos lograr nuestro objetivo. Si nos sobran 25 kilos no podemos ponernos a correr como gacelas durante una hora. Deberíamos poner *orden, en orden a* lograr nuestro objetivo. O sea, *para* alcanzarlo. ¿Cómo debemos empezar? Tal vez una opción sería empezar por una dieta no muy restrictiva durante un par de semanas, complementarla después con un poco de gimnasia e ir incrementando poco a poco la intensidad de ambas acciones para que podamos mantenernos el tiempo suficiente sin rendirnos y conseguir bajar de peso.

Fin. Tenemos que tener nuestro objetivo (adelgazar) en la mente durante el comienzo, el desarrollo y la finalización del proceso, tenemos que tener claro que nuestro objetivo se va a conseguir y estar plenamente convencidos de que lo vamos a lograr. Que no se nos quite de la cabeza...

Esto, por supuesto, no es una garantía de éxito, pero desde luego aumenta mucho la probabilidad de triunfo en nuestras pequeñas y grandes batallas de la vida.

Todo lo que hemos visto hasta ahora está relacionado con la parte operativa y logística de los proyectos, pero bajo mi punto de vista existen, además, otros factores que también influyen sobremanera en la consecución del éxito. Los desgranaré en los próximos capítulos.

«El equilibrio mental, juicio recto, valor moral, audacia, resistencia, forma de tratar al prójimo y cómo sacar el mayor bien de los contratiempos son cosas que no se aprenden en la escuela» (Alexis Carrel).

La Intención

CAPÍTULO 6
El Placebo

El ámbito de lo psicológico abarca, por supuesto, muchas áreas, pero entre ellas quiero destacar el *efecto placebo*. Veamos las definiciones.

Diccionario de María Moliner:

placebo
Preparado farmacéutico desprovisto de principios activos, que puede producir algún efecto curativo en el paciente que lo toma si éste está convencido de su eficacia. Se usa principalmente para comparar sus efectos con los de un medicamento que está en proceso de experimentación.

Diccionario de la Real Academia Española:

placebo
Sustancia que, careciendo por sí misma de acción terapéutica, produce algún efecto curativo

en el enfermo, si este la recibe convencido de que esa sustancia posee realmente tal acción.

Estoy convencido de que, de la misma manera que el creer que algo nos cura termina curándonos, el creer que podemos (*Placebo*) nos permite poder. A lo largo de mi vida lo he constatado. No es que creer que podemos haga que todo sea un camino de rosas, pero sin duda nos ayuda a superar y encajar todas las dificultades que se nos presentan en el camino.

Hay muchísima literatura científica sobre este asunto, pero lo que es cierto es que el placebo cura. Antes de salir al mercado, muchos fármacos son sometidos a estudios con todo tipo de controles, y el patrón a la hora de medir su eficacia, tolerabilidad, efectos adversos, etc., es el placebo. Y es un rival bastante más duro de vencer de lo que a priori parece.

El artículo «Descubren cómo funciona el efecto placebo», publicado por Eduardo Martínez en *Tendencias Científicas*, dice que «creer que tomamos una medicina activa la región del cerebro asociada a la recompensa».

Martínez señala que «una investigación desarrollada por neurólogos de la Universidad de Michigan ha descubierto los mecanismos cerebrales que explican el efecto placebo, esa capacidad que tienen algunas personas para curarse o aliviar un dolor tomando una falsa medicina, inocua y sin eficacia alguna, y que es prescrita por muchos médicos. Cuando una persona cree que va a tomar una medicina, su cerebro activa una región vinculada a la habilidad de experimentar un beneficio o una recompensa, el núcleo accumbens, y segrega dopamina, provocando el alivio al dolor. Los neurólogos descubrieron así que el grado en que una persona responde a un tratamiento de placebo está vinculado íntimamente a la actividad que registre el área del cerebro destinada a obtener un beneficio o una recompensa».

«Un placebo es una terapia que no tiene eficacia médica –añade el autor–, pero que puede tener efectos curativos o paliativos si el paciente cree que en realidad está tomando una medicina. El placebo puede ser una pastilla, pero también una operación quirúrgica o un tratamiento psicoterapéutico, que sólo tiene resultados por el mero hecho de que algunas personas creen que se están medicando. El *efecto placebo* está constatado médicamente, pero hasta ahora no se sabía cómo operaba. Su eficacia se ha relacionado con diversos factores, como la forma de administrarlo (vía oral o intramuscular), el procedimiento de aplicación (por ejemplo después de escuchar largo tiempo a un paciente) o incluso el precio de un producto, que hace más creíble su eficacia terapéutica».

«El **aspecto psicológico del placebo**, particularmente el poder de la sugestión, es lo que se ha considerado hasta ahora para explicar su éxito, y con esta suposición gran parte de la comunidad médica ha reconocido su eficacia y lo aplica en numerosos casos. Ahora hay más información para valorar su eventual utilidad médica», concluye Martínez.

Esta relación entre la sugestión y la actividad cerebral me parece fundamental en nuestra vida, y es que cuando queremos llevar a cabo cualquier proyecto o reto, lo primero es creer que lo podemos hacer. **Estar plenamente convencidos y actuar como tal es nuestra medicina** para que se active la región del cerebro vinculada a la habilidad de experimentar un beneficio o recompensa.

«Las actitudes son más importantes que las aptitudes» (Winston
Churchill).

La Intención

CAPÍTULO 7
La Actitud

Hay un anuncio de una empresa aseguradora que he visto hace no mucho en la tele que dice textualmente: «Ser grande es una actitud». Me identifico totalmente con esa manera de pensar.

Diccionario de María Moliner:

actitud
Manera de estar alguien dispuesto a comportarse u obrar.

Diccionario de la Real Academia Española:

actitud
Disposición de ánimo manifestada de algún modo.

ánimo
1. Alma o espíritu en cuanto es principio de la actividad humana.

2. Valor, esfuerzo, energía.

3. Atención o pensamiento.

4. Intención, voluntad, alma. Viveza, espíritu, energía.

esfuerzo
1. Empleo enérgico de la fuerza física contra algún impulso o resistencia.

2. Empleo enérgico del vigor o actividad del ánimo para conseguir algo venciendo dificultades.

3. Ánimo, vigor, brío, valor.

Como podrás observar, todas las definiciones están relacionadas entre sí.

No hay que ser un superhombre para lograr nuestros objetivos, aunque tenemos que llevar a cabo los procesos en el *Orden* correcto y con la *Intención*, *Actitud* y *Motivación* adecuadas.

Ahora mismo me viene a la cabeza un reto que me propuse con un amigo extranjero.

Este amigo estaba pensando seriamente la posibilidad de venirse a vivir a España con su familia e iniciar una nueva vida. En su país estaba en una posición bastante acomodada y tenía sus buenos ahorros, además de ciertos ingresos mensuales por alquileres. En una de sus visitas nos fuimos a Extranjería para enterarnos de cuáles eran los requisitos para poder entrar legalmente. Nos dijeron que había dos fórmulas: como inversor o como trabajador por cuenta ajena. Resulta que los trámites para poder entrar como inversor eran mucho más complejos y más latosos que los que le habrían exigido si hubiera sido trabajador por cuenta ajena.

Estando así las cosas, vimos que podía ser mucho más rápido y accesible empezar el proceso como trabajador por cuenta ajena. Por aquellos tiempos yo tenía una sociedad limitada –uno de los proyectos que no me salieron bien y que desde hacía dos años no tenía actividad–. No la había dado de baja legalmente pero no estaba operativa. Mi *Intención* y mi *Actitud* fueron traerlo contratado con esa sociedad.

Recuerdo, por el hecho de que era un año bisiesto, que empecé los trámites un 29 de febrero solicitando al Inem un puesto de gerente dentro del área de la importación de suministros industriales para las refinerías de petróleo. Este puesto se correspondía con el que mi amigo ya estaba ejerciendo en su país; además, teníamos bastantes posibilidades de que no hubiera demandas de desempleados españoles con esas características, lo que me posibilitaría solicitar los servicios de un extranjero. Cuál fue mi sorpresa cuando me enviaron 22 currículos de personas que tenían experiencia como gerentes, aunque en otras áreas. Pero estaba obligado a entrevistarlas, y si alguna encajaba en mis pretensiones tendría que contratarla.

Por supuesto, llevé a cabo todas esas entrevistas porque, aunque en realidad no necesitaba a nadie, tampoco quería perjudicar a las personas que se presentaban. Tuve que realizar todos los trámites y descartarlas por falta de experiencia en el ámbito que yo solicitaba. De esta manera conseguí del Inem un documento que certificaba que la vacante no podía ser cubierta por españoles, lo que abría la posibilidad de contratar a un extranjero.

Después de consultar con un asesor y un abogado supuestamente especializados en trámites para extranjería y de poner la sociedad al día, pedí cita con el departamento de contratación de extranjeros. Habían pasado casi dos meses y medio desde que comenzó todo el proceso.

Pensaba que había superado lo más difícil y me las prometía muy felices, pero, cuando 20 días más tarde me confirmaron la cita, me encontré con que me pedían un montón de papeles, impuestos, liquidaciones, balances y todo tipo de documentación que demostrase que ejercía una actividad que justificara la contratación de mi amigo. En ese momento se me vino el mundo abajo, porque mi sociedad no tenía ningún tipo de actividad, no generaba ingresos, no tenía que liquidar impuestos… En fin, que no cumplía ninguno de los trámites exigidos. Pero, aún así, no me rendí, porque realmente podía justificar cada papel que no tenía. Para cada trámite que no se cumplía había una explicación. Además, yo tenía la *Intención* de traer a mi amigo de manera legal y no pensaba echarme atrás. Así que reuní los papeles que tenía y aporté declaraciones juradas en las que se explicaba por qué no se adjuntaban los que no tenía.

Por fin llegó el día de la cita y allí me presenté con mi mejor ánimo y mi mejor sonrisa. Dispuesto, con todos los sentidos activados, para ver cómo se desarrollaba la situación y pendiente de qué funcionario me podía tocar. Me atendió una mujer de unos treinta años, seria. Después de ciertos trámites, empezamos realmente con la presentación de los documentos. El primero que me pidió fue uno de los que no podía adjuntar, y le di la explicación oportuna. Ella puso cara de suspicacia y me pidió los siguientes, pero casualmente eran también de los que no tenía, así que intenté suavizar la situación diciéndole que llevaba un montón de tiempo preparándolo todo y que con tanto papel me perdía. Aproveché para entregarle los que sí tenía por ver si dejaba de estar a la defensiva, aunque esperaba que de un momento a otro me dijera: «Si no tiene la documentación que se le solicita, pida otra cita y vuelva cuando lo tenga todo».

Así, entre documento y documento, le iba dando alguna de las declaraciones juradas en las que justificaba que no tenía que presentar tal o cual papel. Ella me miraba entre curiosa y sorprendida y atendía mis explicaciones, atónita, hasta que en un momento dado me dijo: «Le voy a decir una cosa. Se han reunido en su expediente todas las excepciones que yo me he encontrado a lo largo de los dos años y medio que llevo en el departamento de extranjería».

Llegados a este punto, se fue a buscar a su jefe para explicarle mi caso y en pocos minutos vinieron los dos. Le dije al responsable del departamento que yo estaba trabajando en otra actividad y la sociedad solo la activaría si podía contratar a esta persona, porque no tenía tiempo material para llevar a cabo mi trabajo actual y mover esta empresa. Es decir, mi planteamiento era el contrario a lo habitual; normalmente son empresas que llevan tiempo funcionando y generando ingresos las que solicitan contratar y no al revés, como era mi caso. Si podía contratar activaba la empresa. Después de un buen rato conversando los tres, el jefe me dijo: «Si puedes conseguir un contrato o un documento de la refinería que demuestre que hay o habrá actividad que genere ingresos, podemos seguir dando curso a la solicitud del permiso de trabajo». Yo argumenté que no dominaba los términos técnicos y que me resultaría muy difícil mantener una reunión con el jefe de compras de la refinería, ya que desconocía el sector, y él me sugirió que mi amigo viniese como turista y fuera a esa reunión durante su estancia. Así quedamos y al final no entregué la documentación porque solo disponía de 10 días para aportar lo que faltaba, y el viaje de mi amigo llevaría más tiempo.

La funcionaria ya me miraba con otros ojos y empezó a colaborar con sugerencias como que tramitara la solicitud del permiso de trabajo como personal de confianza, ya que un gerente entraba dentro de esa categoría y así el trámite sería un poco más sencillo. También me recomendó que pidiera la cita con tiempo suficiente para poder presentar todos los papeles.

Al cabo de dos semanas, mi amigo ya estaba en España como turista. Nos pusimos en marcha enseguida porque ahora venía una parte bastante difícil: conseguir reunirnos con alguien de la refinería para buscar un acuerdo comercial. Hicimos tarjetas de visita con sus datos y los de la empresa y elaboramos un par de presupuestos que a priori les podrían interesar. Aquí tuvimos un golpe de suerte porque el amigo de un amigo conocía a alguien que a su vez conocía a otro alguien del departamento de compras de la refinería. Concertamos una cita con esa persona y le contamos lo que necesitábamos: simplemente que alguien de su empresa nos hiciera un documento en el que se viera que habíamos presentado un presupuesto. La solución nos la dio él al decirnos que bastaba un sello de entrada como prueba de que el presupuesto había sido entregado. Esto nos valía como documento para presentar en Extranjería… y ya nos preocuparíamos más adelante por vender.

Así que volvimos a pedir cita y en esta ocasión nos presentamos los dos, ya que mi amigo aprovechó para quedarse unos días más de vacaciones. Cuál fue mi sorpresa cuando me encontré con que la mujer que nos atendió inicialmente estaba de vacaciones y había un hombre en su puesto. Yo mantuve el tipo y tuve que volver a contarle lo mismo que a su compañera, pero de vez en cuando mencionaba el nombre de su jefe y destacaba que lo importante era el presupuesto presentado en la refinería. Además, le pregunté si era posible saludar a su jefe de nuevo para decirle que por fin había conseguido el documento que me había pedido. No pudo ser porque no estaba en ese momento, pero sin duda mi *Actitud* me daba credibilidad. Finalmente admitieron todos los papeles y quedamos a la espera de la resolución. Estábamos a 22 de julio.

Felizmente, el día 30 de octubre me llamaron por teléfono para que fuera a recoger la resolución del expediente que me autorizaba a contratar a esta persona y dar curso al permiso de trabajo.

Lo que acabas de leer es apenas el resumen de una larga historia de papeleos, visitas al asesor y esperas. No es cuestión de aburrirte.

¿Qué es lo que motivó que al final este asunto saliera bien? Por supuesto, fueron varios los factores, pero me inclino a pensar que la *Intención* fue vinculante. Mi visión del conjunto es la siguiente:

La *Determinación* era que mi amigo pudiese entrar en España legalmente. No había elección porque en su país la delincuencia estaba haciendo estragos y ya no se podía seguir viviendo allí.

Sabía que los trámites iban a ser muchos y pesados, que todo el proceso sería lento y tendrían que transcurrir unos meses, pero la *Voluntad* era firme, había que resolver todos los inconvenientes de una manera o de otra, buscando alternativas que nos permitieran avanzar.

El *Orden* de los procesos venía más o menos establecido por los requisitos, pero había algunos que dependían de mí o de mi amigo y otros que no. Estos últimos eran los más frustrantes, porque no había manera de acelerarlos, sobre todo los que dependían de organismos oficiales como la Seguridad Social, Hacienda, el Registro Mercantil, etc. Cuando pensaba que estaba todo, siempre surgía algún nuevo trámite engorroso, pero seguíamos avanzando, que era lo importante.

Finalmente, la suma de muchos factores –por resumir: la obtención de infinidad de documentos y la forma de manejar la credibilidad en las reuniones con los funcionarios– posibilitó alcanzar el objetivo, el *Fin*, que en este caso era el visado mediante el contrato de trabajo.

En todo el proceso estuvo patente mi *Actitud*, que, frente a los funcionarios, fue la de *haré lo que tenga que hacer, resolveré todos los trámites que tenga que resolver, removeré cielo y tierra, pero tengo que contratar como sea a esta persona.* Esto influyó directamente en el resultado final, porque ellos me veían convencido, yo lo daba por sentado: tenía que contratarle, no había otra posibilidad. Y de esta manera tal vez conseguí que tuvieran un poco más de paciencia, que miraran el expediente con otros ojos, con cariño. No se saltaron ninguna normativa, pero me facilitaron el camino para sacar adelante el expediente.

«El optimista tiene siempre un
proyecto; el pesimista, una excusa»
(anónimo).

La Intención

CAPÍTULO 8
El Optimismo

Hace un tiempo compré el libro *La fuerza del optimismo*, de Luis Rojas Marcos. Y lo hice porque el título me llamó la atención, pues en general me considero una persona optimista. Estoy plenamente convencido (*Placebo*) de que, efectivamente, el optimismo transmite fuerza. En ese libro leí la siguiente frase: «No se intentaría hacer nada si antes se tuvieran que superar todas las objeciones posibles».

Me siento totalmente identificado con esa frase porque refleja mi forma de ver las cosas. Cuando me planteo hacer algo tengo muy presente que, por muy fácil que parezca, a menudo las cosas se complican. Hasta tal punto esto es habitual que para mí ya forma parte de todos mis proyectos y tareas. Sin ir más lejos, cuando he decidido montar algún mueble, estantería o lo que sea, siempre me ha ocurrido que si hay que hacer cuatro taladros y los tres primeros no me han dado problemas, el último coincide con una viga. O me falta alguna pieza para poder acabar y dejar el asunto resuelto cuando quedan 15 minutos para que cierren las ferreterías.

Esto ya ha pasado a formar parte de mi vida, así que cuando tengo intención de hacer algo asumo que surgirán pegas e inconvenientes y trato de anticiparlos, pero siempre aparecen imprevistos sobre la marcha. Conclusión: no podemos preverlo todo y tan solo tenemos que abordar los inconvenientes con optimismo.

Con relación a esto, me viene a la mente un correo electrónico que, tiempo atrás, me enviaron con una historia que supuestamente era real. Hablaba de un hombre que había resultado gravemente herido en un tiroteo mientras paseaba por la calle de una gran ciudad. El hombre estaba muy grave, abría y cerraba los ojos y veía en las caras de quienes le atendían que estaba prácticamente desahuciado. Había que operarle urgentemente y los médicos se temían lo peor. Mientras lo estaban llevando al quirófano, el cirujano le preguntó:

–¿Es usted alérgico a algo?

El hombre, con una sonrisa en los labios y mirándole a los ojos, le contestó:

–Sí, doctor, a las balas. Y, por favor –dijo sonriendo de nuevo–, opéreme como si fuese a sobrevivir.

Con sólo estas palabras el hombre consiguió transmitir optimismo y buen humor al equipo que le tenía que intervenir, y en el correo que me enviaron el paciente finalmente se salvaba. No sabemos si es cierto o no, pero la pequeña historia enriquece.

Mi optimismo (porque cada persona tiene su interpretación del optimismo) consiste en creer que, a pesar de las dificultades que puedan surgir, voy a poder ir resolviendo todas y cada una de las incidencias. Es decir, me convenzo de que tengo la capacidad de salvar todos los obstáculos, no pienso que no vayan a existir.

Con relación a los pensamientos positivos también encontré la siguiente frase de la autora María Helena Vales-Avillanarán Navarro:

«Uno de los resultados más consistentes en la literatura científica es que aquellas personas que poseen altos niveles de optimismo y esperanza (ambos tienen que ver con la expectativa de resultados positivos en el futuro y con la creencia en la propia capacidad de alcanzar metas) tienden a salir fortalecidos y a encontrar beneficio en situaciones traumáticas y estresantes».

La Intención

«El motivo no existe siempre para ser alcanzado, sino para servir de punto de mira» (Joseph Joubert).

La Intención

CAPÍTULO 9
La Motivación

Otro aspecto importante que yo destaco a la hora de intentar lograr algo es el motivo que me lleva a hacerlo. La *Motivación* es lo que nos hace tomar una decisión y mantenerla en el tiempo. Es un paso previo a la *Determinación*. Para tomar una decisión determinante tiene que haber una motivación detrás. Veamos cuál es la definición según nuestros diccionarios.

Diccionario de María Moliner:

motivación
1. Acción y efecto de motivar.

2. Motivos que existen o que se aducen para algo.

Diccionario de la Real Academia Española:

motivación
1. Acción y efecto de motivar.

2. Motivo (causa).

3. Ensayo mental preparatorio de una acción para animar o animarse a ejecutarla con interés y diligencia.

Esta última acepción es la que se ajusta más a la manera que yo tengo de abordar las cosas. Ese ensayo mental es básico para cualquier proyecto.

He seguido investigando un poco y he encontrado dos ecuaciones con las que me siento totalmente identificado con relación a la motivación. Nos encontramos con estas dos situaciones: **la motivación para lograr el éxito y la motivación para evitar el fracaso.**

Tendencia al éxito = motivación de éxito x probabilidad de éxito x incentivo.

Evitación de fracaso = motivo x probabilidad de evitarlo x incentivo negativo al fracaso.

Como vemos en las ecuaciones, los elementos que intervienen en la motivación para el logro son tres:

Motivo: disposición que nos empuja a conseguir esa meta.
Expectativa: anticipación cognitiva del resultado de la conducta.

Incentivo: cantidad de atracción que ejerce la meta en esa área concreta.

Según el psicólogo John William Atkinson, la fuerza de esa motivación es una función multiplicadora entre la fuerza del motivo, la expectativa y el valor del incentivo, y esta combinación se aplica tanto a la consecución del éxito como a la evitación del fracaso.

En otras palabras, nos puede motivar el hecho de llegar a ser capaces de lo que sea, de la misma manera que también puede motivarnos el no fracasar en conseguirlo.

En uno de los ejemplos personales citados (la media maratón), reconozco que usé las dos opciones en distintos momentos. Inicialmente me motivaba acabar la carrera, cumplir con lo que me había propuesto. Pero, en alguno de los malos momentos, usé la motivación para evitar el fracaso: evitar que mi mujer y mis amigos se decepcionaran porque no hubiese conseguido terminarla.

Aunque en general solemos usar las dos opciones de manera conjunta, es más interesante decantarse por la primera ecuación (tendencia al éxito), ya que hemos destacado la importancia del optimismo, pero no debemos dudar en echar mano de la otra (evitación del fracaso) si eso nos conduce a conseguir nuestros objetivos.

La Intención

«Los pensamientos de un hombre determinan su vida» (anónimo).

La Intención

CAPÍTULO 10
El Habla

El habla es el vehículo del pensamiento.

Es muy importante lo que pensamos y decimos. El habla articula el pensamiento, es decir, verbalizamos lo que pensamos, y eso es tan importante que tenemos que tener en cuenta cómo afecta lo que pensamos y decimos a nuestro organismo.

Transcribo un texto de don Manuel Seco (ya he hablado antes de él), gramático y lexicógrafo español, miembro de la Real Academia Española desde 1979:

«El lenguaje es vehículo de comunicación, y comunicar es hacer saber a otro lo que uno piensa, siente o desea». Y el sistema que utilizamos para comunicarnos es el habla.

Aquí recojo una frase de Swami Sivananda (1887-1963), uno de los más grandes yoguis de la historia reciente. Refleja bastante bien cómo nos condicionan el pensamiento y las palabras:

«Los pensamientos afectan al cuerpo. Todo pensamiento, emoción o palabra produce una fuerte vibración en las células del cuerpo, dejando una profunda impresión en ellas».

Por tanto, el lenguaje es vital puesto que nos llega a condicionar. Podemos observarlo en un ejemplo tan sencillo como ver la diferencia entre decir «Voy a subir la colina», como un hecho del que estoy totalmente convencido, y decir «Voy a tratar de subir la colina».

En la primera expresión todo nuestro cuerpo está sufriendo cambios que nos ayudarán a conseguir nuestro objetivo –el corazón envía más sangre y oxígeno a las piernas– y se conciencia del esfuerzo que tendrá que realizar cuando miramos a lo alto. Con la segunda expresión, el cuerpo también experimenta cambios, pero el cerebro está transmitiendo un *intento* al resto del cuerpo, con lo cual está dejando abierta la posibilidad de fracasar. No existe la determinación que sí hay en la primera expresión.

En un texto del Instituto de Alto Desempeño en Programación Neurolingüística podemos leer lo siguiente:

«Cualquier proceso de pensamiento o de lenguaje generará de inmediato una programación automática a nuestra mente, que al codificarse se podrá observar en cambios fisiológicos congruentes con dicho programa, creando un estado determinado que puede ser de los estimulantes y útiles, o de los incapacitantes y limitativos. De ahí la importancia de utilizar pensamientos positivos, pues la diferencia entre los que fracasan en sus objetivos y los que triunfan es que estos últimos saben ponerse en comunicación afirmativa y positiva con su poder interno, lo que les permite conseguir un estado fisiológico que contribuye a sus logros».

Como vemos, tenemos que tener mucho cuidado a la hora de enfocar los pensamientos y, sobre todo, a la hora de verbalizarlos. Por esa razón he ido desgranando cada definición, para que usemos las palabras que más se ajustan a lo que pretendemos hacer en realidad.

No somos totalmente conscientes de cómo nuestro cuerpo interpreta todo lo que pensamos, sentimos y decimos. Indudablemente, esto nos afecta sin darnos cuenta. Además, no resulta fácil controlar ese poder puesto que en el día a día solemos experimentar diferentes estados de ánimo.

Con relación a cómo influye lo que decimos/pronunciamos, me vino a la cabeza una experiencia que fue enriquecedora a muchos niveles. Durante una sesión de risoterapia nos dieron la siguiente explicación:

Reír con una u otra vocal tiene diferentes efectos en nuestro organismo. Cada uno de nosotros suele hacerlo de forma preferente con una de ellas y vale la pena observar con qué vocal soltamos nuestras carcajadas.

Reír con la 'ja'. Es la más frecuente de las vocales, por lo general nos hace abrir la boca en todo su esplendor, estirarnos y abrir el pecho. Es la carcajada por excelencia. Provoca vibración en la zona de los riñones, la cadera y el vientre, por lo que activa sus funciones y los llena de energía. Actúa sobre las glándulas suprarrenales, la adrenalina y la noradrenalina, lo que da bocanadas de energía a nuestro organismo. Reduce el miedo y refuerza el valor. Y por si fuera poco, activa la potencia sexual en los hombres y resulta beneficiosa para los ovarios y la matriz en las mujeres.

Reír con la 'je'. Incide vibrando bajo las costillas. Es la risa diplomática, en cierto modo la que expresa disimulo. Hace que se libere energía del hígado, vesícula biliar y tejido muscular. Es eficaz para reducir los enfados y las tensiones internas, favorece la tolerancia y la paciencia y facilita el proceso de la digestión.

Reír con la 'ji'. Se produce vibración en la zona del cuello y del corazón. Es la risa saltarina, que nos incita a bailar, es optimista y simpática. Activa la creatividad y la intuición. Actúa sobre el sistema nervioso, estimula la glándula tiroides y puede tener efectos beneficiosos en los problemas de obesidad. También influye en el intestino delgado y activa la circulación, lo que la convierte en muy adecuada para mejorar problemas de varices.

Reír con la 'jo'. Siempre nos trae a la memoria la figura de Papá Noel, con su gran barriga y su cara de bonachón. Su vibración se nota en la cabeza e incide en la glándula pineal, la hipófisis, la pituitaria y el hipotálamo. Libera energía del sistema digestivo (desde la boca hasta el ano), bazo y páncreas. Es una muy buena risa para los postres, pues nos ayuda en los procesos digestivos, y también es beneficiosa contra la celulitis.

Reír con la 'ju'. Es una risa oscura, la de más bajo tono y vibración, pero muy potente si se practica con frecuencia. Activa la zona pulmonar regulando alteraciones respiratorias. Altamente beneficiosa para liberar emociones y devolver el equilibrio del intestino grueso cuando se tensa a causa del estrés. Rompe los efectos negativos de los pensamientos dolorosos, frustraciones y bloqueos del pasado.

Estas formas de risa son solo cinco de los muchos ejemplos que nos muestran cómo influyen las palabras que decimos. Por eso es importante que tengamos un poquito de cuidado, no solamente porque nuestra predisposición a la tarea que sea mejorará, sino porque nuestro estado de ánimo también se ve afectado por lo que escuchamos, tanto si es un diálogo externo (se lo decimos/escuchamos a otra persona), como si es interno (nos lo decimos a nosotros mismos).

La Intención

Conclusiones

A lo largo de este texto he ido desgranando todos aquellos factores que pienso intervienen directa o indirectamente a la hora de iniciar una tarea, un proyecto, un reto, un negocio…

Por supuesto, todos estos ítems (determinación, voluntad, orden, fin, efecto placebo, actitud, optimismo, motivación y habla) nos facilitan la consecución de una meta, pero lo que me parece más importante es que no son necesarios todos a la vez para alcanzarla.

Cada persona puede adoptar los que más encajen con su manera de ser. Como hemos visto, son múltiples los factores que influyen en el resultado de lo que queremos conseguir. Esto dista mucho de ser negativo; más bien al contrario, porque para aumentar las posibilidades de llevar a buen término nuestros proyectos no tenemos que ser formidables en todos esos elementos –ni siquiera en algunos–, simplemente siendo personas absolutamente normales podemos apoyarnos en varios o en todos y de esta manera aumentar las posibilidades de éxito.

A veces, con sólo adoptar uno al cien por cien, conseguimos que el resto se añada sin darnos cuenta. Todos conocemos a alguna persona que es optimista, a otra que destaca por su voluntad y a una tercera que cuando habla siempre transmite cosas positivas. Esas personas suelen conseguir llevar a cabo muchos de los proyectos que se proponen.

Hay ocasiones en las que nos encontramos bajos de moral y nos cuesta tener la *Voluntad* necesaria para llevar a cabo cualquier proyecto, pero si ponemos un poco de *Orden* y desmenuzamos la tarea en pequeños procesos podemos dar el primer paso y, de esta manera, estimular nuestra fuerza de voluntad, que nos anima al no tener que enfrentarnos a un trabajo enorme desde el principio.

Cada vez que superamos cualquier reto, por pequeño que sea, salimos reforzados y aumenta nuestra autoestima, con lo que es más fácil poner en marcha el *efecto placebo*.

Poner la *Intención* en algo es tratar de llevarlo a cabo de verdad y con empeño. Y no tiene por qué ser un superproyecto complicado. En la vida cotidiana tenemos muchos retos que superar, por simples que parezcan: la educación de los hijos, el bricolaje, las tareas domésticas, las relaciones familiares, el trabajo...

Ahora que sabemos que aspectos regulan la consecución de nuestros objetivos, depende de cada uno de nosotros conseguir manejarlos de tal manera que podamos influir para que la balanza se decante hacia el lado que más nos interese.

Han pasado unos meses desde que comencé a escribir este libro, y en este tiempo –y a estas alturas– todavía sigo frustrado por no poder evitar que mis hermanos y el resto de familiares tropiecen y metan la pata donde yo ya la he metido antes. «Nadie aprende en cabeza ajena», reza el refrán.

Pero tengo la *Intención* de estar a su lado, si es posible, para evitar que tropiecen. Y si no soy capaz de evitarlo, los ayudaré a levantarse.

Pedro Pablo Fernández González
Santa Cruz de Tenerife, a 19 de mayo de 2009

La Intención

Índice

La Intención

Agradecimientos:

Quiero dar las gracias a mi abuela Alicia, a mi madre, Pilar, y a mi tío Manuel por inculcarme desde pequeño el hábito de la lectura. Si no hubiese sido por ellos, seguramente nunca me habría atrevido a escribir este libro.

Ellos me ayudaron a descubrir un universo infinito.

Gracias también a mis amigos Gabi y Ana por leer los borradores y ofrecerme sus consejos sobre cómo estructurar el libro y por ayudarme con la corrección.